AF221539

Marathon für Anfänger

Mit der optimalen Vorbereitung und einem individuell gestalteten Lauftraining zum erfolgreichen Marathonlauf

inkl. wertvoller Tipps rund um die Themen Ernährung, Ausrüstung und Laufen

Mario Li Puma

INHALT

Das erwartet Sie in diesem Ratgeber

Wenn man an einen Marathon denkt, dann hat man gleich die Bilder von den großen Veranstaltungen in New York, Chicago, London oder Berlin im Kopf, bei denen mehrere Tausend Teilnehmer durch die Straßen dieser Metropolen laufen und noch mehr Zuschauer am Rand der Strecke stehen und mit Plakaten und Anfeuerungsrufen versuchen, die Läufer zu motivieren und sie bei ihrem Vorhaben zu unterstützen. Was muss das für ein Gefühl sein, Teil dieser Läufer zu sein und von den Zuschauern lautstark angefeuert zu werden? Wie komme ich dahin und wie schaffe ich es überhaupt, diese unglaublich lange Strecke zu bewältigen?

Diese Fragen haben Sie sich vielleicht schon einmal gestellt und jetzt erwarten Sie sicher ein paar Antworten. Antworten darauf, wie auch Sie das schaffen können. Und ob Sie überhaupt in der Lage sind, einen Marathon zu laufen.

Dieser Ratgeber soll Ihnen dabei helfen, sich auf Ihren ersten Marathon vorzubereiten. Er soll Ihnen, wenn möglich, den Schrecken vor dieser großen Herausforderung nehmen, aber auch die Faszination vermitteln, die ein Marathonlauf und auch die Vorbereitung darauf mit sich bringt. Er wird Ihnen zeigen, dass auch Freizeitsportler wie Sie, die bisher nur am Wochenende mal für 8 bis 10 Kilometer laufen gegangen sind, um ihr schlechtes Gewissen nach einer weiteren Woche am Schreibtisch zu bekämpfen, durchaus in der Lage sind, diese Strecke zu laufen und das Ziel am Ende der 42,195 km zu erreichen.

Dieser Ratgeber soll Ihnen auch einige hoffentlich wertvolle Tipps für das Training und die

Vorbereitung darauf, sowie für die richtige Ernährung, Ihre Ausrüstung und das Rennen an sich geben. In diesem Buch wird Ihnen Schritt für Schritt gezeigt, wie Sie für den Marathon trainieren und was Sie dabei beachten müssen. Sie bekommen Tipps für die Renneinteilung sowie für das Bestimmen Ihrer Zielzeit.

Das Wichtigste wird aber sein, Ihnen den Spaß und die Freude am Laufen zu vermitteln. Denn die Lust am Laufen und die Leichtigkeit, die Sie dabei verspüren, werden für Sie während des Trainings der Antrieb sein, auch bei schlechtem Wetter die Schuhe zu schnüren und loszulaufen.

Also, auf geht's. Laufen Sie los und schweben Sie über den Asphalt!

Warum wir einen Marathon laufen

Die 42,195 km könnte man bequem mit dem Auto fahren. Auch mit dem Fahrrad ist diese Strecke für viele von uns sehr gut zu bewältigen. Ein Problem ist sie schon gar nicht mehr im Zeitalter von E-Bikes.

Aber wieso entscheiden wir uns dazu, diese 42,195 km laufend zurückzulegen? Am besten sogar ohne einen Stopp und vielleicht auch noch in einer von uns selbst vorgegebenen Zeit. Wieso tun wir uns so etwas an?

Auf diese Frage gibt es natürlich viele Antworten. So vielfältig wie die Läufer bei einer Marathonveranstaltung sind, so vielfältig sind auch die Gründe, warum sie einen Marathon laufen wollen.

Jeder Läufer hat seine eigene Motivation, diese Strecke zu bewältigen. Einige wollen sich nur fit halten und haben Spaß daran, sich und ihren Körper zu fordern, und andere möchten nur einmal in ihrem Leben diese Strecke laufen. Viele Läufer können aber auch sehr gut abschalten, wenn sie mit sich und der Laufstrecke alleine sind, und so einige Dinge in ihrem Kopf neu ordnen oder auch Schicksalsschläge verarbeiten. Gerade bei einer Marathonvorbereitung, wenn Sie 4-mal in der Woche trainieren, werden Sie viel Zeit mit sich selbst verbringen und können über Vieles nachdenken. Gerade dieses Abschalten ist für den Großteil der Langstreckenläufer wohltuend und wichtig.

Abgesehen von den Profiläufern, die damit ihr Geld verdienen und die bei den großen Veranstaltungen die Zugpferde sind, ist das Läuferfeld mit vielen verschiedenen Typen gespickt. Da gibt es die ambitionierten Hobbyläufer, die schon viele Marathons gelaufen sind und ihre Zeit weiter verbessern möchten. Oder die Freizeitsportler, denen man es auf den ersten Blick gar nicht ansehen würde, dass sie vorhaben, solch eine gewaltige Strecke laufen zu wollen. Da gibt es auch die Mitglieder verschiedener Lauftreffs, die jedes Jahr mit dabei sind, und natürlich diejenigen, die es zum ersten Mal probieren.

Jeder steht mit seiner eigenen Motivation am Start und hat sich individuell auf diesen Tag vorbereitet. Auch der Fitnesszustand der Teilnehmer ist bei diesen Veranstaltungen sehr unterschiedlich. Sie werden dort sehr schlanke und austrainierte Läufer sehen. Aber auch etwas untersetzte Typen, die mit Ihnen am Start stehen. Und doch kommen die meisten ins Ziel. Auch die, denen man das nicht zugetraut hätte und die sich gefühlt ab Kilometer 1 zu quälen scheinen.

Klar, die afrikanischen Läufer schaffen das locker. Sie sind es gewohnt, weite Strecken zu Fuß zurückzulegen, und sie sind auch aufgrund ihrer körperlichen Voraussetzungen und ihrer Physis besser dazu in der Lage, einen Marathon zu laufen. Oft auch in Rekordzeit. Auch die ambitionierten Läufer jeden Alters, denen man aufgrund ihrer professionellen Laufbekleidung schon ansieht, dass das nicht ihr erster Marathonlauf ist, bringen diese Strecke ohne Probleme hinter sich. Aber wie sollen Sie das schaffen? Was müssen Sie tun, um in der Lage zu sein, diese lange Strecke zu laufen? Und wir reden hier nicht von einem 10-Kilometer-Lauf oder einer anderen Laufveranstaltung, bei der viele Hobby- und Freizeitläufer am Start sind. Wir reden hier über die legendären 42,195 km. Wir reden über den Marathon!

Die Antwort auf diese Frage ist eigentlich ganz einfach: Indem Sie sich richtig vorbereiten, sich einen für Sie geeigneten Trainingsplan suchen und Ihr Training dann auf diesen Plan ausrichten. So können auch Sie es schaffen, Ihren Traum zu verwirklichen und einen Marathon zu laufen und auch zu beenden. Und das ist im Übrigen auch eine Antwort auf die Frage nach dem „Warum wir einen Marathon laufen". Weil jeder es mit der richtigen Vorbereitung schaffen kann. Auch Sie!

Die richtige Vorbereitung

GESUNDHEITSCHECK

Sport zu treiben, hält bekanntermaßen fit und gesund. Gerade der moderne Mensch, der viel sitzt, sollte sich ausreichend bewegen. 3 Stunden in der Woche Sport zu treiben, sollte eigentlich immer das Ziel sein. Egal, ob Sie sich auf eine Sportveranstaltung wie einen Marathon vorbereiten oder nicht.

Es können die unterschiedlichsten Sportarten sein. Fahrrad fahren, laufen oder walken, schwimmen oder wandern wirken sich positiv auf unsere Gesundheit aus. Und wenn man sich mal überlegt, wie lange wir jeden Abend auf dem Sofa vor dem Fernseher sitzen, erscheinen diese 3 Stunden doch ziemlich wenig.

Natürlich werden 3 Stunden Training in der Woche auf keinen Fall ausreichen, um sich für diesen Lauf fit zu machen. Sie werden deutlich mehr Zeit mit dem Laufen verbringen und Ihren Körper stetig mehr belasten. Deshalb sollten Sie auf jeden Fall vorher einen allgemeinen Check-Up bei Ihrem Arzt machen lassen. Denn auch wenn der Sport im Allgemeinen gut für unsere Gesundheit ist, dürfen Sie nicht vergessen, dass eine Marathon-Vorbereitung eine sehr große Belastung für Ihren Körper darstellt.

Sie werden während des Trainings oft an Ihre körperlichen Grenzen gehen und auch der Marathon selbst wird Ihnen sehr viel abverlangen. Deshalb ist es im Vorfeld sehr wichtig, zu wissen, dass Sie gesund sind und dass Ihr Herz-Kreislauf-System sowie Ihre Muskeln und Sehnen diesen Belastungen gewachsen sind. Das ist eine wichtige Grundvoraussetzung für den Beginn des Trainings und gibt Ihnen auch die nötige Sicherheit beim Marathonlauf. Denn wenn Sie wissen, dass Sie gesund sind und Ihnen Ihr Arzt grünes Licht für das Training und den anschließenden Marathon gegeben hat, machen Sie sich keine Sorgen mehr, wenn es mal zwickt oder Sie das Gefühl haben, dass etwas nicht in Ordnung ist.

So können Sie sich ganz auf das Training konzentrieren und es auch genießen. Denn das ist, bei allem Trainingseifer, auch ein wichtiger Faktor. Nur wenn Sie auch Spaß am Laufen haben und das Marathontraining genießen können, werden Sie Ihr Ziel erreichen.

Sicherlich wird es auch Tage geben, an denen Sie nicht sonderlich große Lust haben, jetzt noch 20 km zu laufen. Das Wetter ist schlecht, Sie hatten einen langen Tag bei der Arbeit und würden jetzt lieber gleich Ihren Feierabend genießen. Das ist ganz normal und menschlich. Den Großteil des Trainings sollten Sie jedoch mit Leichtigkeit absolvieren. Und dabei hilft es Ihnen sehr, zu wissen, dass Sie gesund sind und ohne Probleme an Ihre körperlichen Grenzen gehen können.

Machen Sie also einen Termin bei Ihrem Hausarzt und lassen Sie sich durchchecken.

Ihr Hausarzt wird Ihr Blut untersuchen, Ihr Herz und Ihre Lunge abhören und auch ein Belastungs-EKG machen. Auch eine Ultraschall-Untersuchung an Ihrem Herzen und den Arterien sowie ein Test Ihres Lungenvolumens gehören bei diesem Check-Up mit dazu. Wenn sich dort keine Auffälligkeiten zeigen sollten, sind Sie bereit für das Training und können entspannt loslegen. Dieses gute Gefühl wird Ihnen Sicherheit geben und so können Sie den ersten und vielleicht wichtigsten Teil Ihrer Vorbereitung abschließen.

AUSRÜSTUNG

Laufschuhe

Ihre Laufschuhe sind ohne Zweifel einer der wichtigsten Ausrüstungsgegenstände für Ihr Training. Jeden Lauf werden Sie in diesen Schuhen absolvieren. Sie werden Ihre Schuhe bei jedem Wetter tragen. Egal, ob es warm und trocken ist oder kalt und nass, Sie haben stets die gleichen Schuhe an Ihren Füßen. Deshalb sollten Sie bei der Auswahl Ihrer Laufschuhe unbedingt darauf achten, dass die Schuhe eine gute Passform haben sowie über eine sehr gute Dämpfung verfügen.

Beim Laufen wirken große Kräfte auf Ihre Gelenke. Das Fußgelenk und das Kniegelenk werden dabei am meisten beansprucht. Damit diese

Belastungen so gut es geht minimiert werden, muss Ihr Laufschuh eine entsprechende Dämpfungseigenschaft haben. Sie sollten sich deshalb in einem Sportgeschäft beraten und außerdem dort auch eine Laufanalyse machen lassen. Bei dieser Laufanalyse laufen Sie in Socken auf einem Laufband und eine Kamera hinter Ihnen zeichnet dabei auf, wie Ihre Füße beim Laufen abrollen und ob Sie gerade aufsetzen. Knicken Sie mit Ihren Füßen zu einer Seite weg, dann wird Ihnen der Fachhändler einen Laufschuh empfehlen, der Ihren Fuß auf dieser Seite stabilisiert und so dafür sorgt, dass Sie möglichst gerade aufsetzen und abrollen. So können Sie mit der richtigen Auswahl Ihrer Laufschuhe Schmerzen oder gar Verletzungen vermeiden.

Ihr Körpergewicht ist auch ein entscheidender Faktor bei der Auswahl der richtigen Laufschuhe. Je mehr Sie wiegen, desto stabiler muss die Dämpfung Ihrer Schuhe ausgelegt sein. Es gibt von einigen Schuhherstellern Modelle, die für besonders schwere Läufer über 90 kg ausgelegt sind. Auch in dieser Hinsicht kann Ihnen Ihr Fachhändler helfen, den richtigen Schuh zu finden. Ein guter Laufschuh hat auch immer seinen Preis. Ihre Gesundheit sollte es Ihnen jedoch wert sein.

Beim Laufen sollten Sie außerdem spezielle Laufsocken tragen. Diese sind atmungsaktiv, sehr angenehm zu tragen und weil Laufsocken keine Naht haben, vermeiden Sie so Druckstellen oder Blasen an Ihren Füßen.

Tipp: Nutzen Sie für Ihr Training zwei unterschiedliche Paar Laufschuhe. So schonen Sie Ihre Schuhe, weil diese nach einem langen Lauf richtig trocknen können. Auch die Dämpfungseigenschaft der Laufschuhe bleibt länger erhalten, wenn sie nicht jeden Tag benutzt werden. Außerdem ist es für Ihre Füße eine willkommene Abwechslung, nicht immer in den gleichen Schuhen zu laufen. Ein weiterer Punkt ist hierbei auch, dass Sie vielleicht in einem Schuh ein etwas besseres Gefühl beim Laufen haben. Durch den direkten Vergleich können Sie den Schuh auswählen, den Sie am Tag des Marathons tragen möchten.

Pulsmesser

Auch wenn Sie gesund sind und von Ihrem Arzt grünes Licht für das Marathon-Training erhalten haben, sollten Sie Ihr Herz-Kreislauf-System bei jedem Lauf kontrollieren. Das geht am besten mit einem Puls-messer. Dieser besteht aus einer Pulsuhr, die Sie am Handgelenk tragen, und einem Brustgurt, den Sie vor dem Laufen anlegen. Die Pulsuhr zeigt Ihnen Ihre aktuelle Herzfrequenz, den Kalorienverbrauch und je nach Modell auch die Laufstrecke und noch weitere interessante Daten an.

Einige Pulsuhren können via GPS-Daten die ge-laufene Strecke anzeigen und über weitere Funktio-nen können Sie Ihre Trainingsläufe anschließend auswerten. So gewinnen Sie wichtige Erkenntnisse für Ihr Training und können gut nachvollziehen, wel-chen Streckenabschnitt Sie in welcher Zeit gelaufen sind.

Anhand der Herzfrequenz sehen Sie sofort, ob sich Ihr Puls im normalen Bereich befindet. So ler-nen Sie Ihren Körper noch besser kennen, haben je-derzeit die Kontrolle über Ihr Herz-Kreislauf-System und merken sofort, wenn mal etwas nicht in Ord-nung sein sollte.

Die Pulsuhr verfügt außerdem über eine Stopp-uhr, mit der Sie Ihre Zeiten nehmen können. Denn bei den Trainingsläufen sowie den Wettkämpfen, die in Ihrem Trainingsplan enthalten sind, geht es auch darum, die vorgegebenen Zeiten zu erreichen.

> **Tipp:** Kontrollieren Sie regelmäßig Ihren Ruhepuls. Sie werden feststellen, dass sich Ihr Ruhepuls mit zunehmender Trainingsdauer absenkt. Je niedriger Ihr Ruhepuls ist, desto fitter sind Sie. Leistungssportler verfügen oftmals über einen Ruhepuls von ca. 50 Herzschlägen pro Minute.

Laufbekleidung

Sie werden während Ihres Trainings viel draußen sein und bei jedem Wetter laufen gehen. Dabei ist die richtige Laufbekleidung natürlich unerlässlich. Sie sollte nicht nur bequem, sondern auch atmungsaktiv und der jeweiligen Jahreszeit angepasst sein. Wenn Sie im Sommer trainieren, dann empfiehlt sich eine kurze Hose und ein kurzes Laufshirt. Wenn Sie mögen, können Sie auch gerne Schweißbänder an den Handgelenken tragen oder eine Schirmmütze aufsetzen, die verhindert, dass Ihnen der Schweiß in die Augen läuft. Die atmungsaktive Kleidung sorgt dafür, dass die Wärme, die Sie beim Laufen entwickeln, nach außen transportiert wird. Diese Bekleidung sorgt also für einen guten Temperaturausgleich und verhindert zudem, dass Sie überhitzen.

Laufen Sie viel im Herbst oder Winter, dann sollten Sie eine lange Hose und eine winddichte Jacke tragen, um zu verhindern, dass Sie während des Trainings auskühlen. Es eignet sich auch Thermo-Unterwäsche, wenn die Temperaturen sehr niedrig sind. Durch das Tragen von einer warmen Mütze und Handschuhen verhindern Sie außerdem, dass Ihnen beim Laufen kalt wird. Denn über den Kopf und die Hände geben Sie besonders viel Wärme ab.

Da jeder Mensch ein anderes Empfinden für Wärme und Kälte hat, gilt auch hier die Regel: Probieren Sie aus, was für Sie am besten geeignet ist und womit Sie sich am wohlsten Fühlen.

Reflektierende Kleidung ist während der kalten Jahreszeit, wenn es früh dunkel wird, insbesondere für Ihre Sicherheit wichtig. Sorgen Sie dafür, dass Sie auch im Dunkeln gut gesehen werden, indem Sie nicht zu viel schwarze Kleidung tragen.

Tipp: Wenn Sie an kalten Tagen zu Beginn des Laufs etwas frösteln, sind Sie genau richtig angezogen.

Hilfreiche Utensilien

An dieser Stelle folgen ein paar kleine Hilfsmittel, die Ihnen das Training erleichtern sollen und an die Sie vielleicht noch nicht gedacht haben. So sind beispielsweise kleine Pflaster für männliche Läufer sehr zu empfehlen, die Sie sich auf Ihre Brustwarzen kleben sollten, wenn Sie sich auf einen langen Lauf bei warmem Wetter vorbereiten. Durch das Reiben der Brustwarzen an Ihrer Laufbekleidung kann es durchaus passieren, dass diese wund werden und zu bluten beginnen. Dieser Effekt wird bei großer Hitze noch verstärkt. Mit 2 kleinen Pflastern können Sie dem sehr einfach entgegenwirken. Damen sollten in der Regel einen Sport-BH tragen. Das eben beschriebene Problem stellt sich dann auch nicht ein.

Wenn Sie im Sommer Getränke mit auf Ihre Laufrunde nehmen wollen, dann kann Ihnen möglicherweise ein Getränkegürtel hilfreiche Dienste leisten. So können Sie eine Getränkeflasche mitnehmen, haben trotzdem die Hände frei und können außerdem kleinere Dinge, wie zum Beispiel ein Gel oder Ihren Hausschlüssel, ebenfalls in diesem Gürtel unterbringen.

Für das Training im Herbst oder Winter, wenn es früh dunkel wird, gibt Ihnen eine Kopflampe Sicherheit bei jedem Schritt. Denn wenn es dämmert, können Sie kleine Unebenheiten auf Ihrer

Laufstrecke nicht mehr so gut erkennen. So beugen Sie auch möglichen Verletzungen vor. Ein verstauchter Knöchel oder ein gezerrter Muskel können unter Umständen Ihren gesamten Trainingsplan durcheinanderbringen und Ihre Vorbereitung damit erheblich stören oder gar zum Abbruch bringen. Gesund und verletzungsfrei zu bleiben, ist für Sie während der Trainingsphase sehr wichtig. Denn es wäre doch schade, wenn Sie sich bereits bei einer Marathon-Veranstaltung angemeldet und Ihr Startgeld bezahlt haben, aber dann aufgrund einer vermeidbaren Verletzung absagen müssen.

ERNÄHRUNG

Bei der Vorbereitung auf einen Marathon ist auch die Ernährung ein wichtiger Faktor. Sie verlangen Höchstleistungen von Ihrem Körper, also müssen Sie ihn auch entsprechend „füttern". Aber keine Angst: Sie müssen Ihre Ernährung jetzt nicht komplett umstellen. Es ist nur wichtig, dass Sie zur richtigen Zeit das Richtige essen und trinken. Und was das „Richtige" ist, beschreibt dieser Abschnitt.

Gesunde Ernährung ist in den letzten Jahren immer wichtiger geworden. Auch Menschen, die keinen Sport treiben, ernähren sich zunehmend gesünder. Und wenn man wie Sie für einen Marathon trainieren möchte, dann sind einige Punkte bei der Ernährung zu beachten.

Auf besonders fettige Speisen sollten Sie verzichten. Mit einer Currywurst im Bauch läuft es sich nicht besonders gut. Grundsätzlich sollte Ihre Ernährung aus ca. 60 Prozent Kohlehydraten, ca. 30 Prozent Fett und ca. 10 Prozent Proteinen bestehen. Um den Kohlehydrat-Speicher zu füllen eignen sich u. a. Kartoffeln, Reis, Vollkornprodukte und natürlich Nudeln. Nicht umsonst werden die Teilnehmer vor vielen Marathonläufen vom Veranstalter zu einer Nudelparty eingeladen.

Wie schon angedeutet, können Sie bei der Ernährung während der Trainingsphase viele Fehler begehen. Sie können sich noch so gut vorbereitet haben, wenn Sie Ihrem Körper nicht das geben, was er braucht, dann vermindern Sie Ihre Leistungsfähigkeit und Sie kommen gerade bei sehr langen Läufen sehr schnell an Ihre körperlichen Grenzen. Auch die Regeneration Ihres Körpers nach der Belastung wird durch die falsche Ernährung negativ beeinflusst. Deshalb ist es wichtig, dass Sie Ihre Ernährung während des Trainings und auch vor dem Wettkampf so ausrichten, dass Sie optimal vorbereitet sind und keinen Hungerast bei einem langen Lauf erleiden.

Dazu gehört auch, dass Sie ausreichend trinken und die Flüssigkeitszufuhr gleichmäßig über den Tag verteilen. 2 bis 3 Liter pro Tag sind für Sie nun das Minimum während der gesamten Vorbereitungszeit. Hier bieten sich Mineralwasser mit wenig oder keiner Kohlensäure, ungesüßte Früchtetees oder Saftschorlen an. Auf Alkohol sollten Sie verzichten. Trinken Sie lieber nach einem langen Trainingslauf ein alkoholfreies Weizenbier. Das enthält wichtige Mineralstoffe, ist isotonisch, das heißt, die Nährstoffe gelangen schneller ins Blut, und es schmeckt auch noch sehr gut.

Die meisten langen Trainingsläufe werden Sie erfahrungsgemäß morgens absolvieren. Deshalb sollten Sie vor diesen Läufen gut frühstücken und Ihren Körper mit wichtigen Kohlehydraten versorgen. Ein zuckerfreies Müsli oder ein selbst zubereiteter Obstsalat mit Nüssen bilden eine gute Grundlage für Ihr Training. Sehr beliebt ist derzeit auch Porridge, also Haferflocken mit Wasser angesetzt und frischem Obst. Auch ein Vollkornbrot mit Honig ist zu empfehlen. Für die Versorgung unterwegs nehmen Sie einfach eine Banane mit.

Legen Sie die langen Läufe in die Abendstunden, dann sollten Sie vorher nicht zu viel essen, weil Ihr Körper sonst unnötig viel Verdauungsarbeit leisten muss. Nehmen Sie das Abendessen lieber nach dem Lauf zu sich, um die Speicher wieder aufzufüllen. Vollkornnudeln, Reis und Kartoffeln liefern Ihnen wertvolle Kohlehydrate. In Verbindung mit Geflügel (Hühnchen oder Pute) oder Fisch (Lachs oder Thunfisch) lassen sich leckere Speisen zubereiten, die nicht zu schwer im Magen liegen und die Sie außerdem bei der Regeneration unterstützen. Damit Ihr Körper die Nährstoffe optimal aufnehmen kann, sollten Sie nach dem Training Ihr Essen innerhalb von 45 Minuten zu sich nehmen.

Von der Industrie werden für sportliche Aktivitäten verschiedene Power-Riegel, Gels und isotonische Getränke angeboten, die uns schnell mit Energie versorgen und so eventuelle Leistungseinbrüche verhindern sollen. Diese können Sie gerne probieren, um zu sehen, wie diese „kleinen Helfer" wirken und ob sie für Sie praktikabel sind. Wirklich notwendig sind diese zusätzlichen Energielieferanten nicht, wenn Ihre Ernährung ausgewogen und an Ihre Bedürfnisse angepasst ist. Aber vielleicht gibt es Ihnen ein wenig Sicherheit, wenn Sie nach Kilometer 30 noch einmal Energie in Form von einem Gel zu sich nehmen, um nicht auf den letzten Kilometern einzubrechen und dem „Mann mit dem Hammer" zu begegnen. In jedem Fall sollten Sie aber das Essen während der Trainingsläufe üben, damit Sie auch unterwegs wichtige Energie aufnehmen können.

Tipps:

• Üben Sie das Trinken aus einem Becher, während Sie laufen. Beim Marathon werden an den Versorgungsstationen Getränke in Bechern ausgegeben, die Sie sich beim Vorbeilaufen greifen sollten. Sie können natürlich auch anhalten und in Ruhe trinken. Das kostet aber Zeit und kann Ihren Laufrhythmus stören.

• Nehmen Sie bei den langen Trainingsläufen, oder wenn es sehr warm ist, Getränke mit auf die Strecke, damit Sie nicht dehydrieren.

Das Training

BESTIMMUNG DER ZIELZEIT

Wir kommen nun zu einem sehr wichtigen Abschnitt. Denn bevor Sie Ihr Training für den Marathon beginnen können, müssen Sie für sich eine realistische Zielzeit definieren. Hierbei ist es von entscheidender Bedeutung, wie Ihr aktueller Fitnesszustand ist und welche Strecken Sie bisher am Stück gelaufen sind.

Wenn Sie Anfänger sind und sich das erste Mal auf einen Marathon vorbereiten, dann ist Ihre zu erwartende Zielzeit natürlich etwas höher als bei einem ambitionierten Läufer, der schon einige Marathons gelaufen ist und somit schon wertvolle Erfahrungen sammeln konnte. Denn eines sollte Ihnen klar sein: Beim ersten Marathon läuft niemand seine schnellste Zeit. Und das hat einen ganz einfachen Grund. Bei Ihrem ersten Marathon sollte das Ziel sein, den Lauf soweit es geht zu genießen und anzukommen.

Das setzt voraus, dass Sie sich zeitlich nicht gleich unter Druck setzen und den Marathon auch nicht unterschätzen, denn 42,195 km sind sehr lang. Auch wenn es während des Trainings sehr gut läuft und Sie immer in der vorgegebenen Zeit ankommen, ist der Wettkampf an sich nicht mit dem Training zu vergleichen, denn die gesamten 42,195 km laufen Sie erst am Tag des Marathons. Es kann auch sein, dass Sie an Ihrem großen Tag besonders aufgeregt sind oder dass andere Faktoren, wie zum Beispiel das Wetter, Einfluss auf Ihren Lauf nehmen. Also ist es sehr wichtig für Sie, sich die Demut über diese Strecke zu bewahren und die Zielzeit nicht zu ambitioniert zu wählen. Hierbei gilt: Lieber etwas langsamer und ankommen, als zu schnell und das Ziel nicht zu erreichen.

Die Erfahrungen, die Sie bei Ihrem ersten Marathon sammeln werden, helfen Ihnen in jedem Fall bei jedem weiteren Wettkampf. Erst, wenn Sie die komplette Strecke das erste Mal gelaufen sind, macht es Sinn, über Optimierungen in den verschiedensten Bereichen nachzudenken. Wie können Sie das Training verbessern? Was können Sie bei der Ernährung optimieren? War Ihre Renneinteilung gut oder gibt es hier Verbesserungspotenzial? All diese Fragen lassen sich erst beantworten, wenn Sie die Erfahrungen aus dem ersten Lauf haben. Erst dann macht es auch überhaupt Sinn, über eine kürzere Zielzeit nachzudenken.

Für einen Marathon-Anfänger, der in der Lage ist, eine Strecke von 8 bis 10 Kilometern am Stück zu laufen, ist eine Zielzeit von 4 Stunden und 30 Minuten durchaus realistisch. Auf Grundlage dieser Zielzeit wird nun Ihr persönlicher Trainingsplan ausgerichtet. Alle Läufe und Sprints, die in dem nachfolgenden Trainingsplan enthalten sind, richten sich auf diese Zielzeit aus.

Schon beim Training werden Sie deshalb sehr schnell merken, ob die von Ihnen gewählte Zielzeit richtig ist. Und wenn Sie bei den Trainingsläufen immer in der vorgegebenen Zeit bleiben, bekommen Sie automatisch auch die nötige Sicherheit und den Glauben, es schaffen zu können.

> **Tipp:** Im Internet gibt es verschiedene Zielzeit-Rechner, die Ihnen auf der Grundlage Ihrer aktuellen Fitness bei der Definition Ihrer Zeit helfen können. Probieren Sie diese aus und schätzen Sie sich realistisch ein. Unterschätzen Sie auf keinen Fall den Marathon, sondern wählen Sie lieber eine etwas langsamerer Zeit. Beim nächsten Marathon laufen Sie garantiert schneller.

TRAININGSPLAN

Bevor Sie mit dem Training beginnen, sollten Sie sich überlegen, in welcher Stadt Sie Ihren ersten Marathon laufen wollen und wann dieser dort stattfindet. Das ist wichtig, weil mit der Wahl des Austragungsortes auch die Jahreszeit Ihrer Vorbereitung feststeht. Laufen Sie beispielsweise in Hamburg, dann liegt ein Großteil Ihres Trainings in den Winter- bzw. Frühlingsmonaten, weil der Marathon in Hamburg im April stattfindet.

Möchten Sie gerne in Berlin beim größten Marathon in Deutschland starten, dann beginnen Sie im Juli mit dem Training, weil der Marathon in Berlin Ende September ausgetragen wird. Außerdem ist die Topografie der Strecke in Berlin eher flach gehalten. Das ist im Übrigen auch der Grund, warum oftmals die Weltrekordzeit über diese Strecke in Berlin verbessert wird.

Sie sollten, wenn möglich, Ihren ersten Marathon bei einer etwas größeren Veranstaltungen laufen. In Ihrer Nähe gibt es sicher einen Lauf, an dem Sie teilnehmen können. Der Vorteil für Sie bei diesen großen Laufveranstaltungen ist, dass Sie auf der Laufstrecke niemals alleine sind. Es werden immer andere Läufer in Ihrer Nähe sein und auch die Zuschauer können Sie motivieren, falls Sie mal eine schwächere Phase haben. Das gibt Ihnen Sicherheit und hilft Ihnen, diese Phase zu überwinden. Nach Kilometer 30 allein mit sich auf der Strecke zu sein, kann in so einem Moment ziemlich zermürbend werden.

In jedem Fall sollten Sie sich also Gedanken darüber machen, wann für Sie die beste Zeit des Trainings ist. Eine Wintervorbereitung ist für viele Freizeitsportler eher ungünstig. Es wird früh dunkel und es ist oftmals kalt und nass. Deshalb ist es schwieriger, sich für einen langen Trainingslauf in den Abendstunden zu motivieren. Es wird Ihnen sicher leichter fallen, im Sommer zu trainieren, wenn es warm und trocken ist und die Sonne erst am späten Abend untergeht. Dann können Sie zum Beispiel Ihr wohlverdientes alkoholfreies Weizenbier nach einem langen Lauf in der Abendsonne genießen und haben noch Zeit, sich zu regenerieren.

Der Zeitaufwand für das Training ist insbesondere in den letzten Trainingswochen sehr groß, weil Sie in dieser Zeit die Ausdauer für die 42,195 km bekommen. Deshalb sollten Sie sich nicht stressen und viel Zeit einplanen, denn Sie wollen ja mit Leichtigkeit für den großen Tag trainieren.

Der nachfolgende Trainingsplan ist für eine Zielzeit von 4 Stunden und 30 Minuten ausgelegt. Der Plan erstreckt sich über 12 Wochen und setzt voraus, dass Sie mindestens 8 bis 10 km durchlaufen können. Es ist wichtig, dass Sie sich so gut es geht an diesen Plan halten. Sie können kleinere Details ändern und auch Trainingsläufe innerhalb der einzelnen Wochen auf einen anderen Tag verschieben, wenn es zeitlich für Sie besser passt. Im Großen und Ganzen sollten Sie diesem Plan aber folgen, weil Sie dadurch Ihren Trainingszustand kontinuierlich verbessern. Sie lernen außerdem, längere Strecken zu laufen und bei den einzelnen Tests sehen Sie, ob Sie sich noch innerhalb der angestrebten Zielzeit befinden. Dieser Trainingsplan ist also auch eine Eigenkontrolle für Sie während der gesamten Vorbereitungszeit.

Jetzt geht es los!

In der 1. Woche beginnen Sie mit 2 langsamen Dauerläufen über je 9 Kilometer sowie einem flotten Dauerlauf über eine kürzere Distanz. Diese Streckenlänge kennen Sie bereits von Ihren normalen Joggingrunden, weshalb Sie auch die vorgegebenen Zeiten ohne Probleme einhalten können sollten. Zum Abschluss der ersten Trainingswoche laufen Sie einen langen Dauerlauf über 13 Kilometer.

1. Woche – 36 km Gesamtlaufleistung			
Montag	-	-	-
Dienstag	langsamer Dauerlauf	9 km	6:45 min/km
Mittwoch	-	-	-
Donnerstag	langsamer Dauerlauf	9 km	6:45 min/km
Freitag	-	-	-
Samstag	flotter Dauerlauf	5 km	6:20 min/km
Sonntag	langer Dauerlauf	13 km	7:00 min/km

Die 2. Woche ist ähnlich wie die 1. Trainingswoche gestaltet. Auch hier schließen Sie Ihr Training mit einem langen Dauerlauf, diesmal über 17 Kilometer, ab. So gewöhnen Sie sich langsam an die Streckenlänge und auch an das Tempo. Schon jetzt werden Sie merken, dass Ihnen die lange Strecke am Wochenende keine Probleme bereiten wird. Ihr Körper stellt sich ganz automatisch auf die steigende Belastung ein. Dieser Zustand wird auch Superkompensation genannt.

2. Woche – 40 km Gesamtlaufleistung			
Montag	-	-	-
Dienstag	langsamer Dauerlauf	9 km	6:45 min/km
Mittwoch	-	-	-
Donnerstag	flotter Dauerlauf	9 km	6:20 min/km
Freitag	-	-	-
Samstag	langsamer Dauerlauf	5 km	6:45 min/km
Sonntag	langer Dauerlauf	17 km	7:00 min/km

In der 3. Trainingswoche wird die Gesamtdistanz weiter gesteigert und zu den Dauerläufen kommen nun kurze Sprintläufe hinzu, die Ihre Muskulatur beanspruchen werden und Ihr Herz-Kreislauf-System kräftigen sollen. Am Ende der Woche steht wieder ein langer Dauerlauf auf dem Programm. Jetzt können Sie schon 20 Kilometer laufen!

3. Woche – 47 km Gesamtlaufleistung			
Montag	-	-	-
Dienstag	langsamer Dauerlauf	9 km	6:45 min/km
Mittwoch	-	-	-
Donnerstag	flotter Dauerlauf mit kurzen Sprints	9 km 3 x 1000 m	6:20 min/km 5:45 min/km
Freitag	-	-	-
Samstag	langsamer Dauerlauf	6 km	6:45 min/km
Sonntag	langer Dauerlauf	20 km	7:00 min/km

In der 4. Woche kehren Sie wieder zu den gewohnten Dauerläufen aus den ersten beiden Trainingswochen zurück. Ziel ist es hierbei, Ihre Regeneration nach dem langen Lauf aus der Vorwoche zu unterstützen. Die Belastungssteuerung in dieser Zeit ist sehr wichtig. Sie dürfen Ihren Körper nicht überfordern, denn verletzungsfrei zu bleiben ist auch ein Ziel dieser Vorbereitung. Die Gesamtlaufleistung dieser Woche mit dem Lauf über 23 km zum Abschluss soll Sie außerdem weiter an längere Strecken gewöhnen.

4. Woche – 46 km Gesamtlaufleistung			
Montag	-	-	-
Dienstag	langsamer Dauerlauf	6 km	6:45 min/km
Mittwoch	-	-	-
Donnerstag	flotter Dauerlauf	9 km	6:20 min/km
Freitag	-	-	-
Samstag	langsamer Dauerlauf	8 km	6:45 min/km
Sonntag	langer Dauerlauf	23 km	7:00 min/km

Am Ende der 5. Woche trainieren Sie erstmals unter Wettkampfbedingungen und laufen die 10 km in der vorgegebenen Zielzeit. Wählen Sie für den Wettkampf eine möglichst flache und asphaltierte Strecke. Sie werden den Marathon ebenfalls auf der Straße laufen und so können Sie sich schon mal an den Untergrund gewöhnen. Zur Vorbereitung darauf laufen Sie die gewohnten Dauerläufe und streuen kurze Sprints zur Belastungssteigerung ein.

5. Woche – 39 km Gesamtlaufleistung			
Montag	-	-	-
Dienstag	flotter Dauerlauf mit kurzen Sprits	10 km 4 x 1000 m	6:20 min/km 5:45 min/km
Mittwoch	-	-	-
Donnerstag	langsamer Dauerlauf	9 km	6:20 min/km
Freitag	-	-	-
Samstag	langsamer Dauerlauf	6 km	6:45 min/km
Sonntag	Wettkampf	10 km	Zielzeit: ca. 57 min

In der 6. Woche wird die Gesamtlaufleistung nochmals etwas gesteigert. Die langsamen Dauerläufe dienen wieder zur Regeneration.

6. Woche – 46 km Gesamtlaufleistung			
Montag	-	-	-
Dienstag	langsamer Dauerlauf	6 km	6:45 min/km
Mittwoch	-	-	-
Donnerstag	langsamer Dauerlauf	9 km	6:45 min/km
Freitag	-	-	-
Samstag	langsamer Dauerlauf	6 km	6:45 min/km
Sonntag	langer Dauerlauf	25 km	7:00 min/km

Die Besonderheit bei der 7. Trainingswoche ist, dass es keinen sehr langen Lauf zum Abschluss gibt, sondern dass Sie in der Wochenmitte und am Wochenende jeweils einen längeren langsamen Dauerlauf machen. Diese Woche soll Sie auf den nächsten Wettkampf in Trainingswoche 8 vorbereiten.

7. Woche – 41 km Gesamtlaufleistung			
Montag	-	-	-
Dienstag	langsamer Dauerlauf	6 km	6:45 min/km
Mittwoch	-	-	-
Donnerstag	langer Dauerlauf	15 km	6:45 min/km
Freitag	-	-	-
Samstag	langsamer Dauerlauf	6 km	6:45 min/km
Sonntag	langer Dauerlauf	14 km	6:45 min/km

Wie schon beschrieben, steht am Ende dieser Woche ein weiterer Wettkampf an: Der Halbmarathon. Ihr gesamter Trainingsplan ist auf eine Zielzeit von 2:10 h beim Halbmarathon ausgerichtet. Sie sollten diesen Halbmarathon bei einer Veranstaltung in Ihrer

Nähe unter Wettkampfbedingungen absolvieren und möglichst die vorgegebene Zeit erreichen. Das gibt Ihnen Sicherheit für den eigentlichen Marathon und Sie sammeln wertvolle Erfahrungen durch diesen Wettkampf. Sie lernen die Abläufe bei solchen Veranstaltungen kennen, laufen in einem größeren Läuferfeld und sehen, wie Sie mit Ihrer Zeitvorgabe klarkommen. Auch das Verhalten an den verschiedenen Versorgungsstationen entlang der Strecke lässt sich so sehr gut trainieren. Nehmen Sie diesen Halbmarathon ernst und sehen Sie ihn als Generalprobe für Ihren Marathon. Und noch etwas sehr Wichtiges: Genießen Sie diesen Wettkampf!

8. Woche – 40 km Gesamtlaufleistung			
Montag	-	-	-
Dienstag	langsamer Dauerlauf	9 km	6:45 min/km
Mittwoch	-	-	-
Donnerstag	langsamer Dauerlauf	6 km	6:45 min/km
Freitag	-	-	-
Samstag	Traben	4 km	7:00 min/km
Sonntag	Wettkampf	21 km	Zielzeit: 2:10 h

In der 9. Trainingswoche ist nicht nur Regeneration vom Halbmarathon angesagt. Der lange Lauf am Ende der Woche soll Sie außerdem weiter an die lange Strecke des Marathons gewöhnen. In dieser Woche wird deshalb die Gesamtlaufleistung weiter gesteigert. Jetzt laufen Sie schon 30 Kilometer durch!

9. Woche – 51 km Gesamtlaufleistung			
Montag	-	-	-
Dienstag	langsamer Dauerlauf	6 km	6:45 min/km
Mittwoch	-	-	-
Donnerstag	langsamer Dauerlauf	9 km	6:45 min/km
Freitag	-	-	-
Samstag	langsamer Dauerlauf	6 km	6:45 min/km
Sonntag	langer Dauerlauf	30 km	7:00 min/km

Die folgende Trainingswoche ist ähnlich gestaltet wie die Woche davor. Der flotte Dauerlauf zur Wochenmitte dient wieder dazu, Ihre Belastungsgrenze weiter zu steigern.

10. Woche – 55 km Gesamtlaufleistung			
Montag	-	-	-
Dienstag	langsamer Dauerlauf	6 km	6:45 min/km
Mittwoch	-	-	-
Donnerstag	flotter Dauerlauf	11 km	6:20 min/km
Freitag	-	-	-
Samstag	langsamer Dauerlauf	6 km	6:45 min/km
Sonntag	langer Dauerlauf	32 km	7:00 min/km

In der 11. Woche wird die Gesamtlaufleistung etwas gesenkt. Diese Belastungssteuerung ist wichtig, denn in der nächsten Woche steht der Wettkampf an. Nur der flotte Dauerlauf über 10 km zur Wochenmitte soll Sie nochmal fordern.

11. Woche – 42 km Gesamtlaufleistung			
Montag	-	-	-
Dienstag	langsamer Dauerlauf	6 km	6:45 min/km
Mittwoch	-	-	-
Donnerstag	flotter Dauerlauf	10 km	6:30 min/km
Freitag	-	-	-
Samstag	langsamer Dauerlauf	6 km	6:45 min/km
Sonntag	langer Dauerlauf	20 km	7:00 min/km

Sie sind nun in der 12. Trainingswoche angekommen. Ihr Ziel rückt immer näher. In den zurückliegenden Wochen haben Sie sich mit dem intensiven Training sehr gut auf den Marathon vorbereitet. Sie haben wichtige Erfahrungen beim Halbmarathon sammeln können und diesen unter Wettkampfbedingungen absolviert. In dieser abschließenden Woche sollten Sie es langsam angehen und mit den langsamen Läufen im Wesentlichen nur in Bewegung bleiben. Sie sind nun fit für Ihren ersten Marathon. Viel Glück und natürlich viel Spaß dabei!

12. Woche – 60 km Gesamtlaufleistung			
Montag	-	-	-
Dienstag	langsamer Dauerlauf	9 km	6:45 min/km
Mittwoch	-	-	-
Donnerstag	Traben	6 km	7:00 min/km
Freitag	-	-	-
Samstag	Traben	3 km	7:00 min/km
Sonntag	Wettkampf	42 km	6:30 min/km

Tipps:

• Fahren Sie verschiedene Strecken mit dem Fahrrad ab, damit Sie die Länge der einzelnen Strecken besser einschätzen können. So lassen sich im Übrigen auch sehr gut unterschiedliche Strecken für die langen Trainingsläufe finden.

• Wählen Sie, wenn möglich, Rundkurse. Das macht mehr Spaß, als einen Weg hin und wieder zurück zu laufen. Außerdem können Sie sich bei einer Rundstrecke, die Sie mehrmals laufen, Versorgungsstationen einrichten.

• Versuchen Sie, verschiedene Bodenbeschaffenheiten in die Strecken einzubauen. Waldböden sind weich und gelenkschonend. Sie eignen sich deshalb gut für lange Läufe. Aber der Marathon findet meistens auf Asphalt statt. Auch daran sollten Sie sich im Training gewöhnen.

• Lassen Sie sich bei den langen Trainingsläufen von jemandem begleiten. Das lenkt ab und Sie können sich so leichter versorgen. Auch ein Hund ist ein sehr treuer Trainingspartner und begleitet Sie bei jedem Wetter gern.

• Nach Trainingsläufen an kalten Tagen ist ein hei-
ßes Bad eine gute Idee. Ihre beanspruchten Muskeln
und Gelenke können sich so sehr gut regenerieren
und Sie fühlen sich danach sicher auch gut und entspannt.

• Zur Regeneration des Körpers eignen sich auch ein
paar Saunagänge, die aber nicht zu heiß sein sollten.
Trinken Sie dann ausreichend, denn durch das
Schwitzen verliert Ihr Körper Wasser und wichtige
Mineralien. Diese gilt es hinterher wieder aufzufül-
len.

DEHNUNG / STRETCHING

Ihre Muskeln und Sehnen helfen Ihnen und unterstützen Sie bei Ihrem Training. Sie sollten sie deshalb sehr gut behandeln und pflegen. Das Dehnen
wird leider oft vernachlässig und als nicht so wichtig
angesehen. Für Sie als angehenden Marathonläufer
sollte es aber sehr wichtig sein. Also nehmen Sie sich
die Zeit und dehnen Sie sich ausreichend vor und
nach jedem Lauf. Hierbei ist es wichtig, sich erst ein
wenig warmzulaufen und dann mit dem Dehnen zu
beginnen.

Laufen Sie also den ersten Kilometer langsam los und dehnen sich dann. Kurz vor dem Ende Ihres Trainingslaufs sollten Sie sich noch einmal ausreichend stretchen und dann den letzten Kilometer wieder langsam laufen.

Die Sehnen Ihres Körpers verkürzen sich beim Laufen und müssen deshalb insbesondere nach der Beanspruchung gedehnt werden. So beugen Sie Verletzungen vor und vermeiden außerdem, dass Sie beim Laufen Schmerzen verspüren.

Sie werden bei der 12-wöchigen Vorbereitungszeit auf den Marathon ein großes Laufpensum absolvieren und Ihre Muskulatur sehr stark beanspruchen. Deshalb sind die Entspannung und Erholung nach dem Sport für Ihre Muskeln und Sehnen sehr wichtig. Durch das Dehnen und die damit verbundene Steigerung der Durchblutung wird auch die Regeneration beschleunigt. Das Dehnen oder auch Stretchen wirkt ebenfalls der Verkürzung der Muskeln und Sehnen entgegen.

Die vordere Brustmuskulatur und auch die vordere Beckenmuskulatur neigen dazu, beim Laufen zu verkürzen. Das Dehnen zieht diese verkürzten Muskeln in die Länge, trägt so zur Entspannung und

Lockerung der Muskulatur bei und sorgt außerdem für den Erhalt der Beweglichkeit.

Sie sollten sich vor und auch nach dem Laufen dehnen. Achten Sie darauf, dass Sie sich vor dem Laufen erst dehnen, wenn Ihre Muskeln warm sind. Dazu laufen Sie den ersten Kilometer ganz locker und nicht zu schnell. Wenn Sie dann auf Betriebstemperatur sind, können Sie Ihre vordere und hintere Beinmuskulatur dehnen.

Zum Dehnen der vorderen Beinmuskeln stellen Sie sich aufrecht hin und ziehen die Zehen des linken Fußes zum Körper hin. Halten Sie diese Stellung so lange, bis sich ein Ziehen im hinteren Bereich des Beins einstellt. Dann machen Sie das gleiche mit dem rechten Fuß. Diese Übung wiederholen Sie einige Male.

Um die vordere Beinmuskulatur zu dehnen, winkeln Sie abwechselnd das rechte und linke Bein nach hinten ab und ziehen es mit der Hand an Ihr Gesäß. Diese Position sollten Sie für ca. 20 Sekunden halten und anschließend die Beine ausschütteln.

Bei allen Übungen sollten Sie darauf achten, dass Sie keine Schmerzen verspüren. Ein leichtes Ziehen ist normal.

Die Wadenmuskeln dehnen Sie, indem Sie sich mit ausgestreckten Armen gegen eine Wand stellen. Drücken Sie nun mit Ihren Handflächen gegen die Wand und strecken Sie das linke Bein nach hinten durch. Das rechte Bein ist bei dieser Übung gebeugt. Bleiben Sie mindestens 20 Sekunden in dieser Stellung, bis Sie ein leichtes Ziehen in der linken Wade spüren. Nun wechseln Sie auf das andere Bein und wiederholen diese Übung einige Male.

Ihre Rückenmuskulatur entspannen Sie am besten, wenn Sie sich nach dem Laufen gerade hinstellen und den Oberkörper vorbeugen. Lassen Sie sich richtig hängen und versuchen Sie, mit Ihren Fingern den Boden zu berühren, ohne die Knie anzuwinkeln.

Führen Sie diese Übung, wie auch alle anderen beschriebenen Dehnungsübungen, konzentriert und in Ruhe durch und vermeiden Sie ruckartige Bewegungen.

Stellen Sie sich nun wieder gerade hin und strecken Sie Ihre Arme nach oben. Bleiben Sie einen Moment in dieser Haltung und versuchen Sie, mit Ihren Fingerspitzen so weit wie möglich nach oben zu kommen. Diese Übung zieht Ihre Rückenmuskulatur in die Länge und wirkt somit entspannend.

Im Internet finden Sie noch weitere Übungen und auch Videos, die Ihnen das richtige Dehnen und Stretchen zeigen. Während der Belastung durch das Laufen steigt die Grundspannung der Muskulatur an, damit die Leistungsfähigkeit der Muskeln gesteigert wird. Sie sollten sich deshalb auf jeden Fall genügend Zeit für diesen Teil Ihres Trainings nehmen, weil es wichtig ist, dass sich Ihre Muskeln nach der Belastung wieder entspannen. Das ist der erste Schritt zur Regeneration und Sie werden merken, dass er Ihnen sehr gut tun wird.

Tipp: Laufen Sie lieber einen Kilometer weniger aber dehnen Sie sich ausreichend.

Der Wettkampf

VOR DEM START

Am Tag vor dem Marathon sollten Sie nicht zu spät ins Bett gehen und ausreichend schlafen. Nur, wenn Sie gut geschlafen haben und ausgeruht sind, ist Ihre Leistungsfähigkeit am größten. Sie werden sicher etwas aufgeregt sein, weil es nun endlich losgeht und Ihr Ziel immer näherkommt.

Vielleicht laufen Sie den Marathon in einer fremden Stadt und müssen vorher die Anreise planen. Grundsätzlich ist es empfehlenswert, den ersten Marathon in einer Stadt in der Nähe zu wählen, damit die Anreise nicht zu lang ist und einfach organisiert werden kann. Gut ist es auch, wenn Sie bereits am

Tag vor dem Lauf anreisen und sich schon etwas mit den Örtlichkeiten und der Strecke vertraut machen können. Es gibt außerdem sicher noch einige organisatorische Dinge, die zu erledigen sind, wie beispielsweise das Abholen Ihrer Startnummer oder die Teilnahme an der vom Veranstalter ausgerichteten „Nudelparty". Dort geht es nicht nur darum, Nudeln zu essen und somit Kohlehydrate zu sich zunehmen. Diese Veranstaltungen sind außerdem ein beliebter Treffpunkt für die Läufer, um sich auszutauschen und ins Gespräch zu kommen. Es gibt auch verschiedene Verkaufsstände, an denen Sie sich noch einmal mit allem Nötigen versorgen oder vielleicht ein kleines Andenken erwerben können.

Wählen Sie in jedem Fall ein Hotel in der Nähe des Starts, um am Tag des Marathons nicht noch kostbare Zeit durch den Weg zur Strecke zu verlieren. Im Übrigen gibt es in vielen Städten Hotels, die mit speziellen Frühstücksangeboten und Wellness-Bereichen auf die Marathonveranstaltungen ausgerichtet sind.

Die meisten Marathons starten morgens, deshalb ist das Frühstück an diesem Tag sehr wichtig. Essen Sie genug und nehmen Sie viel Flüssigkeit zu sich. Auf dem Weg zur Strecke gibt es sicher auch noch die Gelegenheit, eine Banane zu essen. Ein Getränk sollten Sie von jetzt an bis zum Start immer bei sich haben. Nutzen Sie auf dem Weg zur Strecke die Gelegenheit, noch einmal eine Toilette aufzusuchen. Die Getränke beim Frühstück oder auch Ihre Anspannung können auf die Blase drücken.

Wenn Sie den Startbereich erreicht haben, haben Sie sicher noch etwas Zeit, bevor der Startschuss fällt. Nutzen Sie diese Zeit, um sich mit leichten Dehnungs- und Lockerungsübungen warm zu halten. Es ist auch empfehlenswert, sich kurz warmzulaufen und etwas anzuschwitzen. Sie werden sicher nicht direkt an der Startlinie stehen, sondern etwas weiter hinten. Deshalb ist es nun wichtig für Sie, nicht kalt loszulaufen. Mit diesen beschriebenen Übungen halten Sie Ihre Muskeln warm lenken sich außerdem etwas ab.

Checken Sie nochmals Ihre Pulsuhr und den richtigen Sitz des Brustgürtels. Vielleicht werden Sie bemerken, dass Ihr Ruhepuls ungewöhnlich hoch ist. Auch das ist ganz normal, denn Sie stehen ja zum ersten Mal im Startbereich einer so großen Veranstaltung und nehmen gleich Ihr großes Ziel in Angriff.

Dabei kann Ihr Puls schon etwas höherschlagen.

Bei Großveranstaltungen kann es auch sein, dass Sie sehr weit hinten stehen und die Startlinie gar nicht sehen. Das ist aber kein Problem und sollte Sie nicht beunruhigen. Sie werden den Start schon mitbekommen und Ihre Zeit zählt auch erst, wenn Sie die Startlinie überquert haben. Auch Sie sollten Ihre Pulsuhr erst starten, wenn Sie die Startlinie überqueren. Es ist also noch etwas Zeit.

Es ist auch noch einmal Zeit für Sie, durchzuatmen und zu genießen. Saugen Sie die besondere Atmosphäre vor dem Start in sich auf. Schauen Sie sich im Läuferfeld um und versuchen Sie, ganz ruhig zu bleiben. Sie sind gut vorbereitet, haben Ihren Trainingsplan akribisch abgearbeitet und auch die vorbereitenden Wettkämpfe haben Sie gut gemeistert. Jetzt kann es endlich losgehen. Sie sind bereit!

DAS RENNEN

Der Startschuss fällt und die Läufer setzen sich langsam in Bewegung. Wenn Sie an einem großen Marathon in Berlin oder München teilnehmen sollten, dann kann es jetzt durchaus passieren, dass es ein paar Minuten dauert, bis Sie mit dem Laufen beginnen können, weil sehr viele Marathonläufer vor Ort sind und die Strecke laufen wollen. In Berlin sind beispielsweise ca. 40.000 Läufer am Start. Da kann man sich sicher sehr gut vorstellen, dass es seine Zeit dauert, bis sich alle in Bewegung gesetzt haben. Es kann auch sein, dass Sie erst einmal nur gehen können, weil die Strecke sehr voll ist und Sie einfach noch nicht genug Platz zum Laufen haben. Lassen Sie sich dadurch aber nicht aus der Ruhe bringen. Das ist bei solchen Großveranstaltungen ganz normal und wenn sich alles einigermaßen aufgelöst hat und Sie genug Platz haben, mit dem Laufen zu beginnen, geht das Abenteuer Marathon für Sie erst so richtig los.

Diese Verzögerungen am Start führen zwangsläufig auch dazu, dass Ihre Zwischenzeiten auf den ersten Kilometern deutlich langsamer sind, als Sie es sich vorgenommen haben. Aber auch das ist kein Problem. Laufen Sie am besten in dem Tempo, das Sie durch die vielen langen Trainingsläufe schon sehr gut kennen und versuchen Sie bitte nicht, die verlorene Zeit durch ein höheres Tempo wieder auszugleichen. Das führt nur zu unnötigem Stress und verunsichert Sie zudem. Für eine gute Renneinteilung ist ein möglichst gleichbleibendes Tempo sehr hilfreich. Es ist Ihnen nicht geholfen, wenn Sie bei Kilometer 5 Ihre vorgenommene Zeit durch einen Zwischensprint wieder erreicht haben. Sie haben noch viele Kilometer vor sich und sollten diese in Ihrem Tempo laufen und Ihren Rhythmus finden. Genießen Sie lieber diesen besonderen Tag, lassen Sie sich von den Zuschauern an der Strecke anfeuern und erleben Sie diese Stadt, die Sie vielleicht noch nicht kennen, aus einer anderen Perspektive. Denn mitten auf der Straße werden Sie hier so schnell nicht mehr laufen.

Alle 5 Kilometer sind in der Regel Versorgungsstationen aufgebaut, die Getränke, Bananen und kühle, mit Wasser durchtränkte, Schwämme für Sie bereithalten. Nehmen Sie nur das, was Sie brauchen, um keine Zeit zu verlieren und um nicht aus Ihrem Laufrhythmus zu kommen.

Vielleicht haben Sie ja auch Freunde oder Familienmitglieder an der Strecke, die Sie unterstützen und die Ihnen eine Trinkflasche oder einen Power-Riegel reichen können.

Außerdem ist es sicher schön für Sie, auch einmal ein bekanntes Gesicht in der Menge zu sehen.

Das wird Sie zusätzlich motivieren.

Überprüfen Sie regelmäßig Ihre Zwischenzeiten. So stellen Sie sicher, dass Sie sich innerhalb Ihres Zeitfensters bewegen. Gegebenenfalls können Sie Ihr Tempo geringfügig anpassen. Aber Vorsicht! Je länger Sie laufen, desto schwieriger ist es, das Tempo zu verschärfen. Wenn Ihnen das schwer fallen sollten, dann behalten Sie lieber das etwas langsamere Tempo bei. Es ist besser, anzukommen und die gelaufene Zeit beim nächsten Marathon zu verbessern, als durch eine kräftezehrende Tempoverschärfung zu riskieren, das Ziel überhaupt nicht zu erreichen. Hören Sie auf Ihren Körper. Sie haben ihn während der Trainingsphase sehr gut kennengelernt und können nun sicher einschätzen, was das Beste ist.

Nach 21 Kilometern haben Sie die Halbmarathon-Strecke hinter sich gebracht und stellen sicher fest, dass die Zeit, die Sie heute gebraucht haben, etwas höher ist als beim Wettkampf in der 8. Trainingswoche.

Auch das ist völlig normal, weil Sie jetzt noch einmal die gleiche Strecke vor sich haben und beim Halbmarathon jetzt vielleicht mit einem Sprint bereits ins Ziel gelaufen sind. Ihr heutiges Ziel liegt noch ein gutes Stück vor Ihnen. Aber Sie fühlen sich fit und haben Ihren Rhythmus gefunden. In dieser Phase des Rennens ist es sehr wichtig, dass Sie die Verpflegungsstationen anlaufen, um Flüssigkeit aufzunehmen und sich mit allem, was Sie jetzt brauchen, versorgen. Greifen Sie gerne zu einem nassen Schwamm und erfrischen Sie sich oder essen Sie eine Banane. Diese liefert schnell Energie, die Sie auf den folgenden Kilometern benötigen.

Sie nähern sich bald der 30 Kilometer-Marke und kommen damit langsam in die Bereiche, die Sie noch nicht wirklich kennen. Während des Trainings sind Sie maximal 32 Kilometer gelaufen und deshalb wissen Sie noch nicht, was danach auf Sie zukommt.

Sie haben sicher schon einmal vom „Mann mit dem Hammer" gehört. Viele Läufer haben Angst vor ihm und wollten ihm keinesfalls begegnen. Er kommt meistens nach der 30 Kilometer-Marke und schlägt dann erbarmungslos zu. Hungerast, Muskelkrämpfe und Seitenstiche sind dabei typische Symptome. Das wirkliche Problem ist in diesem Fall aber, dass Sie nun keinerlei Möglichkeit mehr haben, diese Symptome loszuwerden. Denn egal, was Sie jetzt machen. Es ist zu spät! Wenn Sie einen Hungerast erleiden sollten, können Sie in der Regel auch durch das Essen von Power-Riegeln oder Gels, die relativ schnell wirken, diese Phase nicht so schnell überwinden und wieder in Ihren Rhythmus kommen. Bei Muskelkrämpfen helfen zwar Dehnübungen und die Aufnahme von Flüssigkeit, aber auch diese Maßnahmen kommen meistens zu spät.

Wenn Sie schon einmal einen Muskelkrampf aufgrund von zu hoher Belastung hatten, werden Sie wissen, dass man diesen Krampf manchmal auch recht schnell wieder loswird. Aber in Ihrem Kopf werden jetzt immer die Gedanken sein, ob der Krampf wirklich weg ist oder ob er nicht doch noch einmal zurückkommt. Bei jedem Zucken der Wadenmuskulatur werden Sie unweigerlich daran denken. Dann sind Sie nicht mehr locker und wahrscheinlich auch nicht mehr in der Lage dazu, Ihren Laufrhythmus wiederzufinden und das Rennen unbeschwert fortzusetzen. Abgesehen davon wird auch Ihre anvisierte Zielzeit in weite Ferne rücken.

Also gilt es für Sie vorzubeugen und ein Treffen mit diesem Mann zu verhindern. Das funktioniert jetzt eben nur noch durch das ausreichende Versorgen mit Wasser und Energie in Form von Kohlenhydraten. Sie befinden sich jetzt, wie schon gesagt, in Bereichen, die Sie noch nicht kennen. Sie wissen nicht, wie Ihr Körper nach weit über 30 Kilometern reagiert und wie Sie sich auf der Marathonstrecke fühlen. Die Erfahrungen, die Sie jetzt machen, sind für weitere Läufe über diese Strecke sehr hilfreich für Sie. Aber heute gilt es, anzukommen, Spaß zu haben und die Veranstaltung zu genießen.

Sie befinden sich nun auf den letzten Kilometern. Auf der Straße unter Ihnen werden die Kilometerangaben immer geringer und zählen langsam runter. Das wird Sie jetzt auch nochmals motivieren. Genauso wie die vielen Tausend Zuschauer, die alle Läufer auf der Strecke anfeuern und vielleicht auch Ihren Namen rufen.

Wenn Sie jetzt noch locker sind und alles, was um Sie herum passiert, aufnehmen und genießen können, dann fühlen Sie sich frei und so, als ob Sie über die Strecke schweben. Ihre Beine tun nicht mehr weh und laufen fast von allein. Schließen Sie die Augen und genießen Sie diesen besonderen Tag. Denn auch, wenn Sie mit vielen Läufern gemeinsam auf der Strecke sind, laufen Sie Ihr eigenes Rennen. Nun laufen Sie die letzte Kurve und biegen auf die

Zielgerade ein.

DAS ZIEL

Sie können das Ziel schon vor sich sehen. Es ist jetzt nicht mehr weit. Sie haben es fast geschafft. Nur noch ein paar Meter und Sie sind da. Einige Läufer setzen nun noch einmal zu einem Sprint an und wollen das Letzte aus sich herausholen. Das sind sicher diejenigen, die am Start bereits in vorgebeugter Haltung mit der Hand an der Stoppuhr losgelaufen sind. Sie sollten jetzt in Ihrem gewohnten Tempo weiterlaufen. Sie laufen Ihr Rennen und wollen den folgenden Moment ganz besonders genießen – den Zieleinlauf.

Sie haben es geschafft! Sie sind am Ziel und haben diese magische Strecke bezwungen. Sie reißen die Arme hoch und laufen durch das Ziel, als ob Sie den Marathonlauf gewonnen hätten. Und das haben Sie auch. Sie haben Ihren ersten Marathon absolviert und sind ins Ziel gekommen. Sie haben unterwegs viele Gefühlsphasen durchlebt. Sie standen mit Gänsehaut am Start, haben die unglaubliche Atmosphäre in sich aufgenommen und haben vielleicht ab Kilometer 35 gelitten. Aber Sie haben es geschafft. Sie haben Ihr Rennen gewonnen.

Jetzt können Sie gerne auf Ihre Uhr schauen und sehen, ob Sie Ihre Zielzeit erreicht haben. Wenn ja, dann ist das ein weiterer Grund zur Freude für Sie. Und wenn nicht, dann sind Sie jetzt trotzdem stolz auf sich und Ihre großartige Leistung.

Im Ziel fällt nun die gesamte Anspannung von Ihnen ab. Vielleicht rollen ein paar Tränen Ihr Gesicht hinunter, wenn Sie Familienangehörige oder Freunde im Zielbereich treffen, die Ihnen gratulieren und Sie umarmen. Oder Sie sind ganz allein mit Ihren Gedanken und freuen sich über das Erreichte.

Seien Sie in jedem Fall stolz auf sich!

Resümee

D ie letzten Wochen waren sicher sehr anstrengend und herausfordernd für Sie. Sie haben sich und Ihren Körper einer großen Belastung unterzogen und auch Ihr Kopf war sicher so manches Mal müde und leer, wenn Sie nach über 30 Kilometern, die niemals enden wollten, endlich wieder zu Hause angekommen sind.

Aber Sie haben Ihr Trainingsprogramm hinter sich gebracht und Sie haben vor allen Dingen Ihr großes Ziel, den Marathon, erfolgreich absolviert. Sie können sich von nun an „Marathon-Finisher" nennen und Ihren Freunden, Ihren Arbeitskollegen und Ihrer Familie von den Erfahrungen, die Sie auf und neben der Strecke gemacht haben, erzählen. Sie können ihnen auch voller Stolz Ihre Medaille präsentieren, die Sie im Ziel bekommen haben.

Die meisten Menschen in Ihrem Umfeld werden mitbekommen haben, was Sie vorhatten, und dass Sie für einen Marathon trainiert haben. Die Fragen, die jetzt an Sie gestellt werden, können Sie nun beantworten und Sie können auch Tipps geben, wie man so eine Aufgabe angeht und wie man sich damit fühlt, es geschafft zu haben. Sie verfügen jetzt auch über die Erfahrungen, die man nur sammeln kann, wenn man selbst einmal einen Marathon gelaufen ist. Sie kennen die Gefühle, die Sie bei Ihrem Rennen begleitet haben und können sicher auch einige Momente benennen, in denen Sie möglicherweise an sich selbst gezweifelt haben und die Ihnen besonders schwergefallen sind. Und Sie können über die Glücksgefühle berichten, die durch Ihren Körper geschossen sind, als Sie das Ziel erreicht haben.

Jetzt ist die Zeit für Sie gekommen, sich zu entspannen und die Zeit nach dem Marathon zu genießen. Das haben Sie sich verdient. Das Training hat neben den körperlichen Belastungen auch viel Zeit von Ihnen gefordert. Die Dinge, die während Ihrer

Trainingsphase möglicherweise liegengeblieben sind, können nun angegangen oder nachgeholt werden. Sie haben jetzt wieder mehr Zeit für Ihre Familie, die Sie in den letzten Wochen unterstützt hat, oder für Aktivitäten mit Freunden, die aufgrund des Zeitmangels vielleicht verschoben wurden.

Sie werden sich jetzt vielleicht auch selbst die Frage stellen, ob Sie einen weiteren Marathonlauf machen möchten. Sie haben bei Ihrem ersten Marathon wertvolle Erfahrungen sammeln können, die Sie in keinem Buch nachlesen können. Sie wissen jetzt außerdem sehr gut, was Sie möglicherweise an Ihrem Training verbessern können, oder welche Änderungen Sie während des Marathons in Punkto Renneinteilung, Verhalten beim Start oder bei der Versorgung bei einem möglichen weiteren Lauf vornehmen würden. Vielleicht machen Sie sich aber auch Gedanken über Ihre Zielzeit und ob es hierbei noch Optimierungspotential gibt.

Wenn Sie Ihre anvisierte Zeit erreicht haben sollten, ist es sicher ein Anreiz für Sie, diese Zeit zu unterbieten. Haben Sie Ihre Zielzeit verfehlt, dann wissen jetzt sicher, woran es gelegen hat und was Sie beim nächsten Mal anders machen werden. In jedem

Fall sollten Sie sich jetzt aber schonen, Ihre Grundkondition beibehalten und sich nur mit langsamen Dauerläufen regelmäßig fit halten. Sie kennen Ihren Körper nun ganz genau und wissen, wie er auf sehr hohe Belastungen reagiert und wie Sie am besten regenerieren können. Hören Sie auf Ihren Körper und machen Sie nur das, was Ihnen guttut.

Jeder Marathon hat etwas Einmaliges und Ihren ersten Marathon werden Sie sicher nicht vergessen. Auch wenn Sie noch weitere Marathonläufe absolvieren sollten, so behalten Sie diesen Ersten für immer in Ihrem Kopf. Sollten Sie sich für einen weiteren Marathon entscheiden, dann haben Sie jetzt mit dem Training eine sehr gute Grundlage dafür geschaffen und wissen außerdem, wie Sie am besten trainieren und was beim Training wichtig ist.

Dieser Ratgeber hat Ihnen hoffentlich dabei geholfen und Ihnen wichtige und wertvolle Tipps in vielen Bereichen der Vorbereitung gegeben. Im besten Falle hat er Ihnen auch den Spaß und die Faszination an diesem Sport vermittelt und mit dazu beigetragen, dass Sie mit Leichtigkeit und Freude trainiert haben.

Bleiben Sie sportlich und gesund!

Herstellung und Verlag:
BoD – Books on Demand, Norderstedt
ISBN: 9783752690774

1. Auflage
Kontakt: Psiana eCom UG/ Berumer Str. 44/ 26844 Jemgum
Covergestaltung: Fenna Larsson
Coverfoto: depositphotos.com